PREMIER TABLEAU GÉNÉRAL DE MESURE

DIVISION BINAIRE DU TEMPS.

Ecriture de GALIN.

Groupe I. sans Silence.

RÈGLE GÉNÉRALE

Dans chacune des colonnes, tous les temps doivent être divisés d'une manière identique.

Voir, pour la langue des durées, des coupes à trois temps, la table des Exercices (Page ...) aux N.os de chacun des temps.

1.re Colonne. Ligne d'accompagnement.

Ta a Ta a Ta ta Ta ta Ta a

2.me Colonne. 3.me Colonne. 4.me Colonne.

Exercices Page 3. Exercices Page 14.

5.me Colonne.

Tableau de la génération des coupes. Division BINAIRE du Temps.

Exercices Page 17.

N.o 1

N.o 2

accompagnement.

accompagnement

Ta a a Té

Exercices Page 20.

N.o 5

Exercices Page 20.

N.o 6

accompagnement.

accompagnement.

Paris, chez M.me E. CHEVÉ, 16 R. Vivienne ... Paris ... Polstel Grav. Imp. 55 R. ...

1865

PREMIER TABLEAU GÉNÉRAL DE MESURE

DIVISION BINAIRE DU TEMPS.

Écriture Usuelle

Groupe I, sans silence.

PREMIER TABLEAU GÉNÉRAL DE MESURE

DIVISION BINAIRE DU TEMPS.

Ecriture de GALIN. Groupe II, avec Silence.

PREMIER TABLEAU GÉNÉRAL DE MESURE

DIVISION BINAIRE DU TEMPS,

Ecriture Usuelle.

Groupe II, avec silence.

DEUXIÈME TABLEAU GÉNÉRAL DE MESURE

DIVISION TERNAIRE DU TEMPS.

Écriture de GALIN.

Groupe 1, sans Silence.

(1) Dans la division TERNAIRE, comme dans la division BINAIRE, le TEMPS, NON DIVISÉ, est toujours représenté par un SIGNE UNIQUE.

DEUXIÈME TABLEAU GÉNÉRAL DE MESURE

DIVISION TERNAIRE DU TEMPS.

Ecriture Usuelle.

Groupe I, sans Silence.

DEUXIÈME TABLEAU GÉNÉRAL DE MESURE

DIVISION TERNAIRE DU TEMPS.

Écriture de GALIN.

Groupe II, avec Silences.

DEUXIÈME TABLEAU GÉNÉRAL DE MESURE

DIVISION TERNAIRE DU TEMPS.

Groupe II, avec Silence.

Ecriture Usuelle.

1re SÉRIE

DIVISION BINAIRE de L'UNITÉ de TEMPS.

Pour la 1re Série, nous divisons, en langue des durées, chacun des TEMPS par DEUX.

Exemple. Ta te — Son articulé. — Son prolongé. Chu e — Silence.

Groupe I.

1re SÉRIE.

Groupe 1

1ère SÉRIE.

Suite du Groupe I.

Groupe II.

Le demi soupir de l'Ecriture usuelle, est en écriture de GALIN, le signe unique du silence,

Suite du Groupe I.

Groupe II

Ecriture de GALIN.

1.re SÉRIE

Suite du Groupe II.

Ire SÉRIE.

Suite du Groupe II.

Ecriture de **GALIN**.

16

2ème SÉRIE.

DIVISION TERNAIRE de L'UNITÉ de TEMPS.

Pour la 2me Série, nous divisons, en langue des durées, chacun des TEMPS par TROIS.

Exemple: Ta té ti — Son articulé; a é i — Son prolongé; Chu u u — Silence.

Groupe 1.

Ecriture Usuelle.

2ème SÉRIE.

Groupe I.

2ème SÉRIE.

Suite du Groupe I. Groupe II.

Suite du Groupe I. Groupe II.

2me SÉRIE

Suite du Groupe II.

2ème SÉRIE.

Suite du Groupe II.

Ecriture de GALIN

3.me SÉRIE.

DIVISION BINAIRE des MOITIÉS.

Pour la 3.me Série, nous divisons, en Langue des durées, chacune des MOITIÉS par DEUX.

Exemple: Ta fa te fé — Son articulé. a a é é — Son prolongé. Chu u u u — Silence.

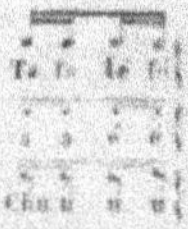

Groupe I.

3ème SÉRIE.

Groupe I.

24

3ème SÉRIE.

Suite du Groupe I. Groupe II.

Suite du Groupe I. Groupe II.

5ème SÉRIE.

Suite du Groupe II.

Suite du Groupe II.

Ecriture de GALIN.

4ème SÉRIE

DIVISION TERNAIRE des MOITIÉS

Pour la 4ème Série, nous divisons, en Langue des durées, chacune des MOITIÉS PAR TROIS.

Exemple. 
- Ta ra la Ta ra la — Son articulé.
- Son prolongé.
- Chu — Silence.

Groupe I. Groupe II.

Suite du Groupe I. Groupe II

Écriture de GALIN.

5ème SÉRIE

DIVISION BINAIRE des TIERS.

Pour la 5ème Série, nous divisons, en Langue des durées, chacun des TIERS par DEUX. Exemple:

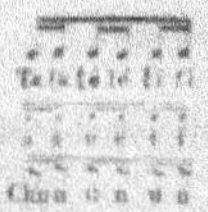

Ta fa te fé ti fi	Son articulé.
a a e e i i	Son prolongé.
Chut u u u u u	Silence.

Groupe I. Groupe II.

5ème SERIE.

Groupe I. Groupe II.

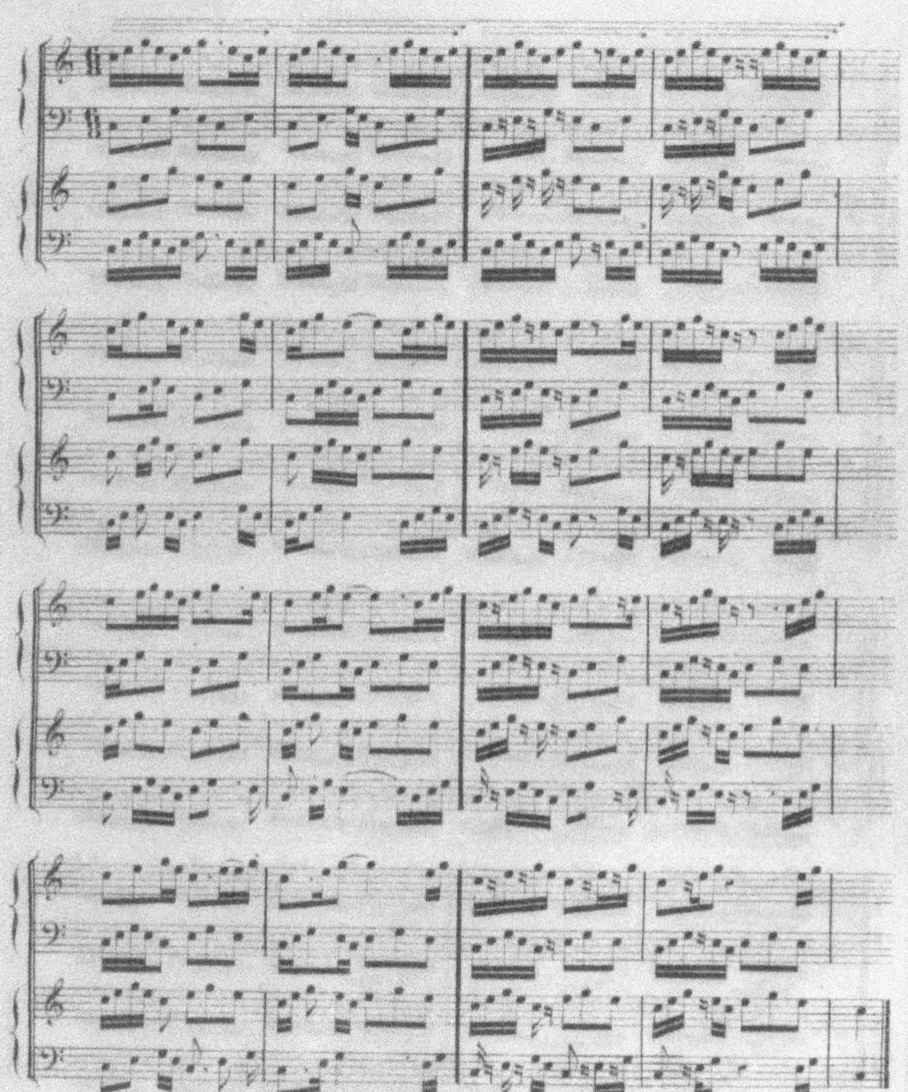

Ecriture de GALIN.

52.

6ème SÉRIE.

DIVISION TERNAIRE DE TIERS.

Pour la 6e Série, nous divisons, en Langue des durées, chacun des TIERS par TROIS.

Exemple: Son articulé. Son prolongé. Silence.

Groupe I. Groupe II.

Groupe I. Groupe II.

Ecriture de GALIN.

7ème SÉRIE.

DIVISION BINAIRE DES QUARTS.

Pour la 7me Série, nous divisons, en langue des durées, chacun des QUARTS par DEUX. Exemple.

Tazéta ma lézéfé pé	Son articulé.
	Son prolongé.
Chaa u u u u u u	Silence.

Groupe I. Groupe II.

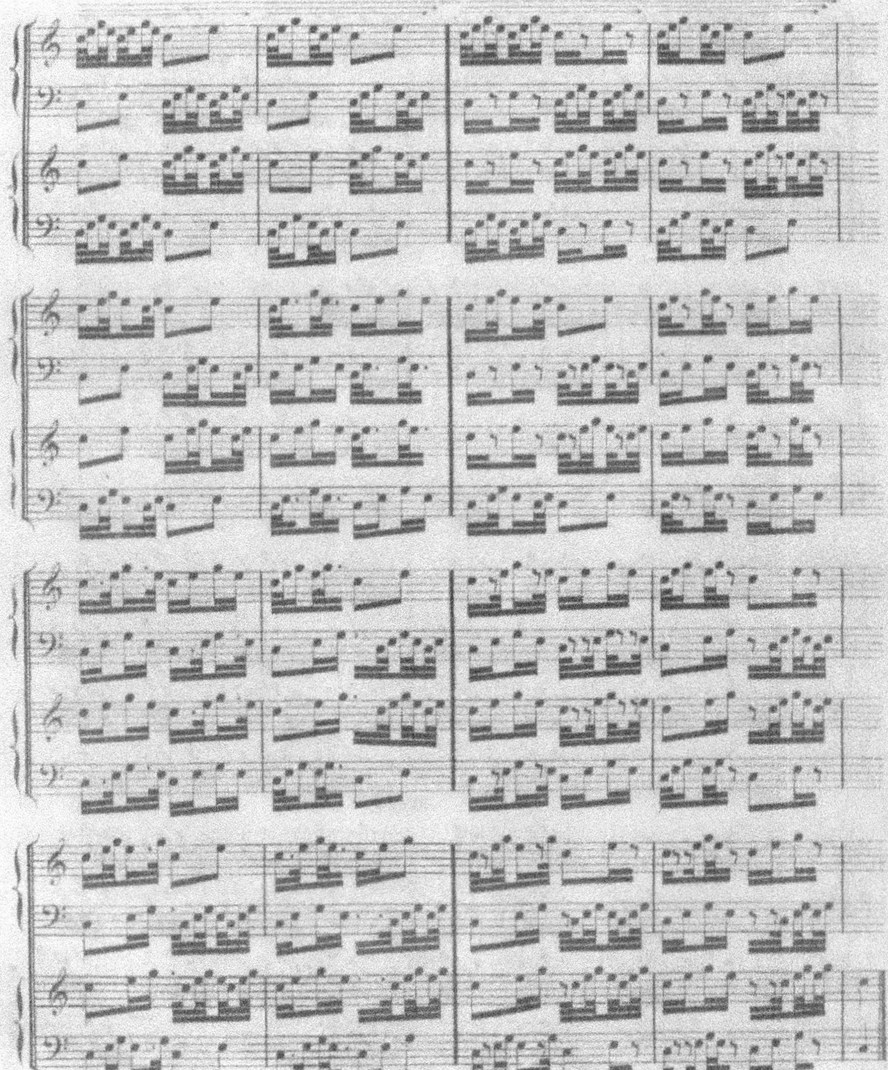

7ème SÉRIE

Groupe I. Groupe II.

Ecriture de **GALIN**.

8ème SÉRIE.

DIVISION TERNAIRE DES QUARTS.

Pour la 8me Série, nous divisons, en langue des durées, chacun des QUARTS par TROIS.

Exemple: Tamanstenanslemènefémène — Son articulé. — Son prolongé. — Silence.

8ème SÉRIE

Groupe I. Groupe II.

9me SÉRIE.

Groupe I.

DIVISION BINAIRE DES MOITIÉS DE TIERS

Langue des durées. Ta za fa na té zé fé né ti zi ti ni

Groupe II.

DIVISION TERNAIRE DES MOITIÉS DE TIERS

Ta ma na fa ma na té mé né fé mé né ti mi ni ti mi ni

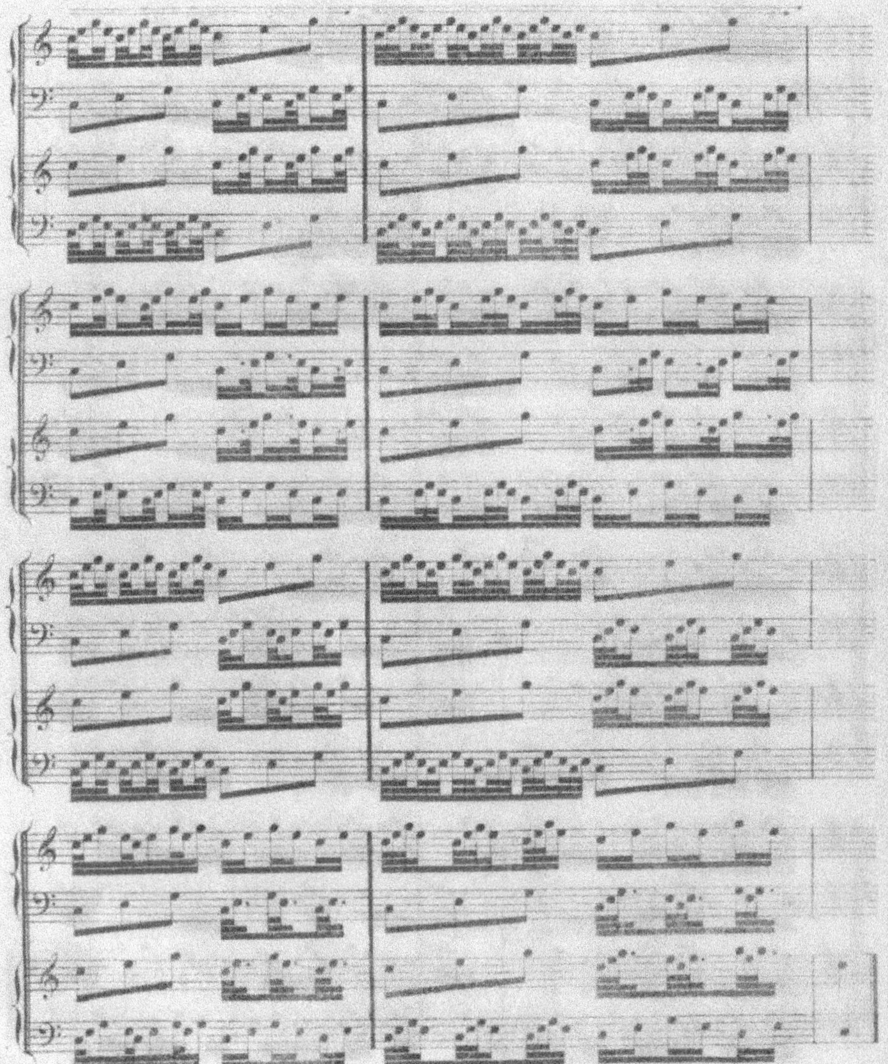

9ème SÉRIE.

Groupe I. Groupe II.

40

10ème SÉRIE.

Groupe I.

DIVISION, BINAIRE, DES TIERS DE MOITIÉ

Langue des durées. Tama rama lama fémé rémé lémé

Groupe II.

DIVISION, TERNAIRE, DES TIERS DE MOITIÉ

Langue des durées. Tamana ramana lamana féméné réméné léméné

Groupe I. Groupe II.

11ème SÉRIE.

Groupe I.

DIVISION BINAIRE DES TIERS DE TIERS

Langue des durées.

Tamaramelamelé mé rémé lémé li mi ri mi li mi

Groupe II.

DIVISION TERNAIRE DES TIERS DE TIERS

Langue des durées.

[illegible]

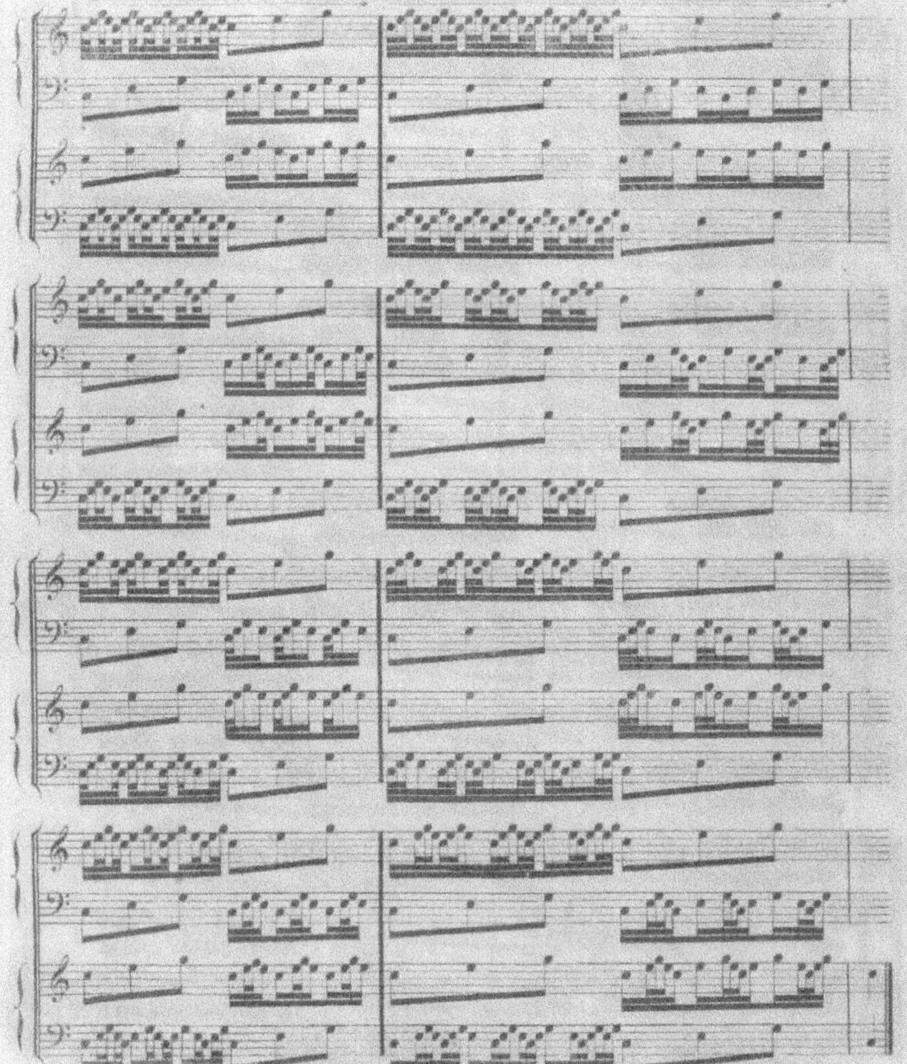

IIème SÉRIE

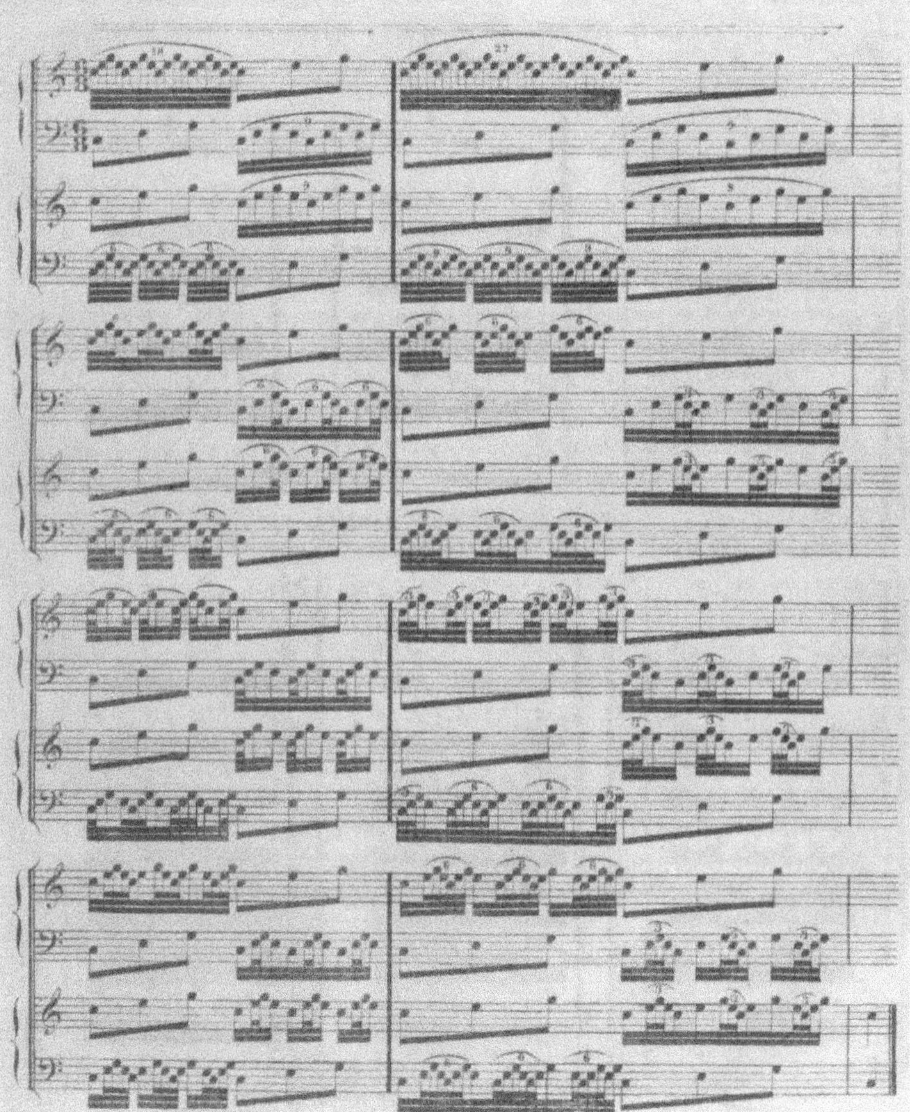

12ème SÉRIE
COUPES MIXTES

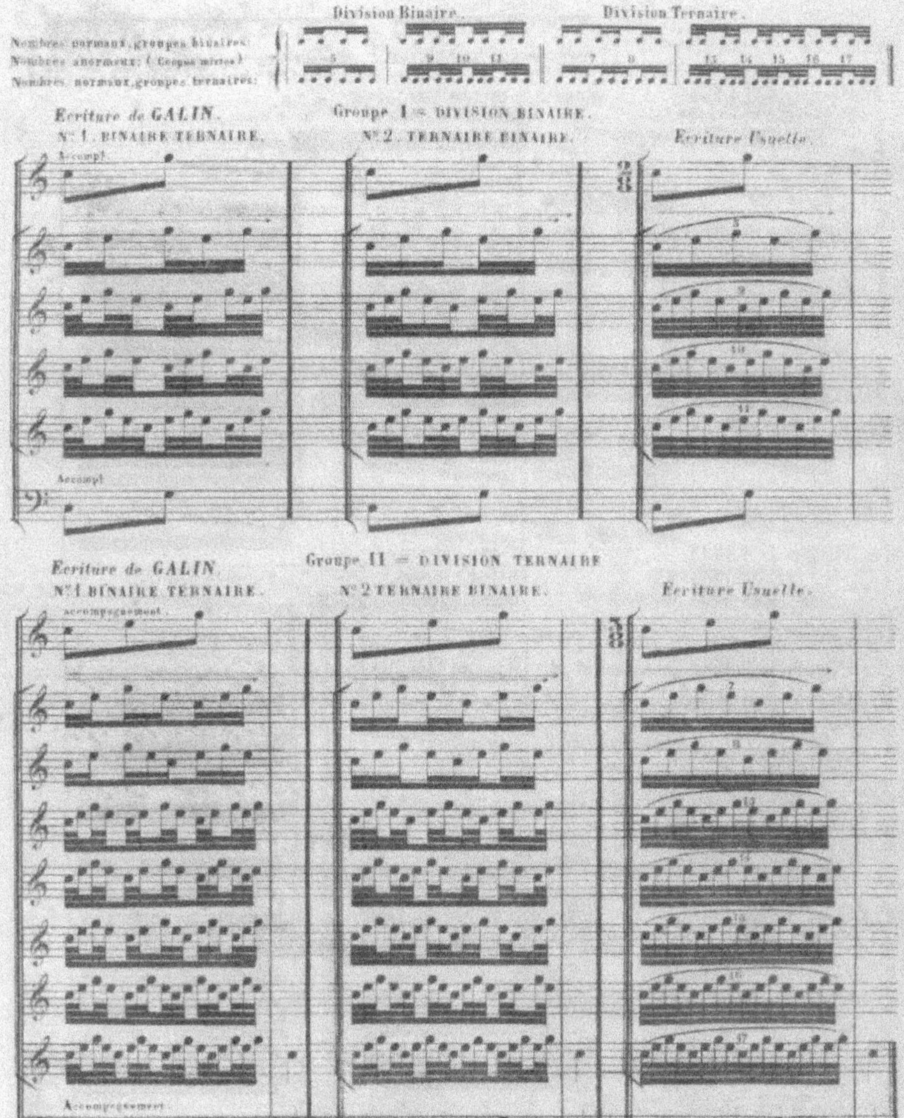

15ème SÉRIE.

COUPES MIXTES.

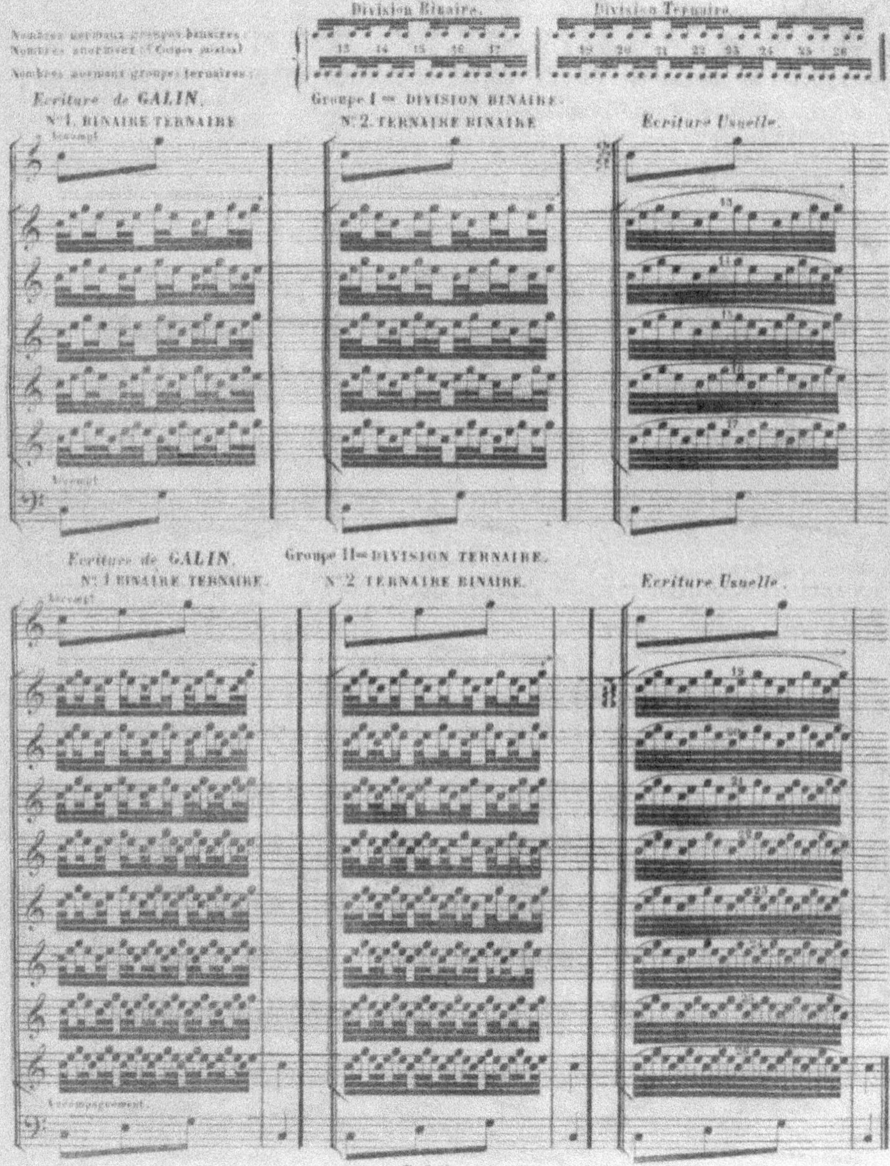

14ème SÉRIE.

Exécution, simultanée, de la Division BINAIRE et de la Division TERNAIRE.

Groupe I = *Tiers et Moitiés:* ou

L'Exécution, simultanée, de ces deux coupes, produit la coupe.

DÉMONSTRATION Trois 6ièmes (moitiés de Tiers) pour chacune des moitiés.

EXERCICE.

Groupe II = *Tiers de moitiés et quarts:* ou

L'Exécution, simultanée, de ces deux coupes, produit la coupe:

DÉMONSTRATION Trois 12ièmes (moitiés de Tiers de moitié) pour chacun des quarts.

EXERCICE.

14ème SÉRIE.

Groupe III = *Tiers et quarts:* ou

L'Exécution, simultanée, de ces deux coupes, produit la coupe: ta na té fé ti zi fi

DÉMONSTRATION. ta za ta na té zé fé né ti zi fi ni — ta a a na té é té é ti zi i i — Trois 12èmes (quarts de tiers), pour chacun des quarts.

EXERCICE.

Groupe IV = *Moitiés de Tiers et quarts.* ou

L'Exécution, simultanée, de ces deux coupes produit la coupe: ta a ta na te fe ti zi fi i

DÉMONSTRATION. ta za ta na té zé fé né ti zi fi ni — ta a ta na té é té é ti zi fi i — Trois 12èmes (quarts de Tiers), pour chacun des quarts.

EXERCICE.

www.ingramcontent.com/pod-product-compliance
Ingram Content Group UK Ltd.
Pitfield, Milton Keynes, MK11 3LW, UK
UKHW021520260726
13993UKWH00004B/1798